LA GRANDE IMA

TITANIC

Conception
Jack BEAUMONT

Texte
Sabine BOCCADOR

Illustrations
Olivier-Marc NADEL

FLEURUS

FLEURUS ÉDITIONS, 57 Rue Gaston Tessier, 75019 PARIS
www.fleuruseditions.com

UN PROJET GRANDIOSE

À la fin du XIXe siècle et au début du XXe, les compagnies maritimes se livrèrent une concurrence acharnée avec pour objectif de construire les paquebots les plus grands et les plus rapides reliant l'Europe aux États-Unis. Avant l'invention de l'avion, les grands navires à vapeur, relativement sûrs, offraient la possibilité de traverser l'Atlantique toujours plus rapidement. C'est dans ce contexte de défis nouveaux permanents que le projet du *Titanic* vit le jour.

J. Bruce Ismay

Thomas Andrews

Des paquebots monumentaux

Pour concurrencer le *Lusitania* et le *Mauretania*, qui faisaient la fierté de la compagnie britannique Cunard, J. Bruce Ismay, directeur général de la White Star (compagnie maritime britannique) et lord Pirrie, directeur des chantiers navals Harland & Wolff, à Belfast en Irlande, projetèrent en 1907 de construire deux énormes paquebots jumeaux, suivis d'un troisième, capables de surpasser par la taille, le luxe et la sécurité ceux des autres compagnies. Thomas Andrews, patron des bureaux d'études de Harland & Wolff et neveu de lord Pirrie, devait superviser le tracé des plans et il s'intéressa de très près à la réalisation des deux navires. Pour l'architecte, ils représentaient la consécration de sa carrière.

Des noms ambitieux

Le premier devait être baptisé *Olympic* et le deuxième *Titanic*, en référence aux Titans, la race des géants de la mythologie grecque. Le troisième, d'abord nommé *Gigantic*, fut rebaptisé *Britannic*. C'est dire l'importance des ambitions de la White Star. Le *Titanic* devait dépasser en poids l'*Olympic* et devenir ainsi, en 1912, le bateau le plus grand du monde et le plus gros objet mobile jamais édifié. Les deux navires furent construits l'un à côté de l'autre, mais l'*Olympic* avec trois mois d'avance sur le *Titanic*.

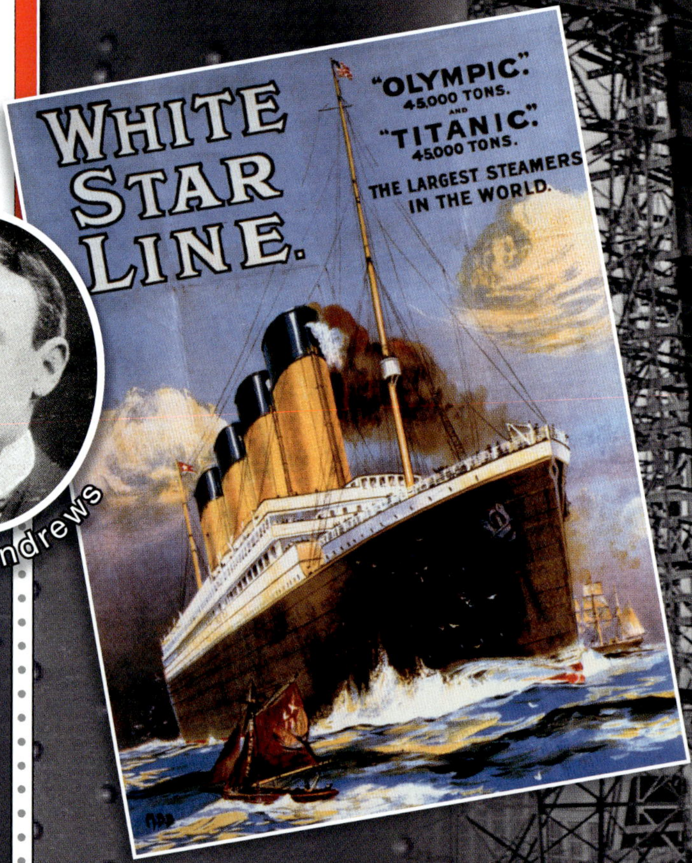

Un chantier gigantesque

Comme aucun chantier n'avait les capacités nécessaires pour construire des navires aussi grands, lord Pirrie fit installer chez Harland & Wolff deux cales de construction spéciales et les équipa d'un immense portique mesurant 69,50 m de haut, grues comprises, qui devint le plus grand échafaudage du monde.
Le 31 mars 1909, les ouvriers posèrent la quille du *Titanic*, portant le numéro de chantier 401.

Des ouvriers acharnés

6 000 ouvriers travaillaient habituellement chez Harland & Wolff mais, pour la construction de l'*Olympic* et du *Titanic*, il fallut faire appel à près de 15 000 personnes. Celles-ci travaillaient de 7 h 50 à 17 h 30, cinq jours par semaine, plus une demi-journée le samedi. Elles avaient 30 minutes pour déjeuner et 10 minutes de pause le matin. Le rythme était donc très soutenu. Les ouvriers vivaient non loin des chantiers dans les petites rues qui bordaient les quais.

Réputé insubmersible

La coque du *Titanic* fut construite en deux ans avec un double fond et divisée en 16 compartiments équipés de 15 cloisons étanches. Cela devait permettre au paquebot de se maintenir à flot même si deux, voire quatre compartiments avant étaient inondés. On disait donc du *Titanic* qu'il était quasiment insubmersible, c'est-à-dire incoulable. Les plaques de tôle de la coque de 2,5 cm d'épaisseur, dont certaines mesuraient 9 m de long, furent assemblées à l'aide de 3 millions de rivets en fer et en acier.

LANÇEMENT ET ACHÈVEMENT

Les dimensions du *Titanic* étaient impressionnantes : il mesurait 269 m de long, soit 22 autobus mis bout à bout, et 28 m de large, soit l'équivalent d'une autoroute à 4 voies. Il mesurait 53 m de haut de la quille aux cheminées et pesait 52 000 tonnes, ce qui faisait de lui le navire le plus lourd de son temps. Il pouvait transporter jusqu'à 3 547 personnes et comprenait 10 ponts. Le lancement ou mise à l'eau du *Titanic*, qui n'était encore qu'une coque vide, eut lieu le 31 mai 1911. Plus de 100 000 personnes vinrent assister à l'événement.

Une machinerie de taille

Le *Titanic* était propulsé grâce à 2 énormes moteurs à vapeur, mesurant 9 m de haut, qui faisaient tourner les deux hélices latérales, fixées sur la coque du navire. C'étaient les plus gros moteurs jamais construits à l'époque. La vapeur passait dans une turbine qui produisait de l'énergie pour faire tourner l'hélice centrale. Pour actionner ces machines, le *Titanic* abritait 29 chaudières qui brûlaient au moins 600 tonnes de charbon par jour.

Le lancement

Pour pouvoir faire glisser la coque du *Titanic* sur la rampe qui descendait en pente douce vers l'eau, il fallut 22 tonnes de suif, de savon et d'huile de vidange ! À 12 h 15, lord Pirrie donna le signal et l'on abattit les dernières béquilles de bois maintenant le paquebot en place. Il glissa alors vers la mer sur près de 600 m, en 62 secondes, sous les acclamations de la foule. Il fallut six ancres pour l'immobiliser. Après son lancement, le *Titanic* fut tiré par des remorqueurs jusque dans un bassin d'armement où l'on équipa la coque vide.

Le Titanic *fut achevé en mars 1912.*

L'une des quatre cheminées

Transport de l'ancre centrale

Les cheminées

Quatre cheminées mesurant chacune 22 m de haut surplombaient le navire. La quatrième, celle qui se situait à l'arrière, était une fausse cheminée. Elle servait uniquement à la ventilation de la salle de la turbine et des fourneaux de la cuisine principale.

Des ancres imposantes

Le *Titanic* était muni de 3 ancres gigantesques : une de chaque côté et une autre à l'avant. L'ancre centrale pesait 15 tonnes, tandis que les ancres latérales pesaient 7 tonnes.

Des hélices monumentales

Les 2 immenses hélices latérales à 3 pales en bronze pesaient chacune 38 tonnes et mesuraient 7 m de diamètre. L'hélice centrale à 4 pales, également en bronze, pesait 22 tonnes.

Une technologie de pointe

Le *Titanic* était équipé d'une importante centrale électrique, capable d'alimenter une ville. Elle approvisionnait 150 moteurs électriques, 10 000 lampes, 520 radiateurs et un standard téléphonique de 50 lignes, considéré comme l'un des plus modernes de l'époque. Le paquebot possédait de plus une installation T. S. F. (télégraphie sans fil), d'une grande puissance, qui permettait d'émettre et de recevoir des messages télégraphiques.

UN NAVIRE SOMPTUEUX

Le *Titanic*, tout comme l'*Olympic*, proposait aux passagers les installations les plus fastueuses de l'époque. Les parties réservées aux passagers de 1re classe arboraient un luxe inouï, digne de celui des plus grands hôtels. Elles comprenaient des installations sportives jamais vues sur les autres paquebots. Mais les passagers de 2e et de 3e classe disposaient aussi de cabines et d'aménagements qui surpassaient en confort et en luxe ceux qui leur étaient proposés sur les autres bateaux.

Restaurant à la carte

Salon de lecture de 1re classe

La salle à manger

L'immense salle à manger de 1re classe s'étendait sur toute la largeur du navire. C'était la plus grande pièce du *Titanic*. Elle pouvait accueillir 550 personnes.

Le grand escalier

Surmonté d'une immense coupole en verre, le grand escalier à double volée constituait l'élément le plus spectaculaire du décor. Accompagné de trois ascenseurs, il desservait six niveaux et la salle à manger de 1re classe.

Le restaurant à la carte

Le restaurant à la carte accueillait les passagers de 1re classe qui voulaient commander des plats de leur choix. Tenu par un grand chef italien,

1 Cabines de 1re classe
2 Cabines de 2e classe
3 Cabines de 3e classe
4 Bains turcs
5 Salle à manger
6 Grand escalier
7 Gymnase
8 Piscine
9 Court de squash

Cabine de 1re classe

Cabine de 2e classe

Cabine de 3e classe

il proposait des mets et des vins dont le raffinement était digne des plus grands restaurants de Paris ou de New York.

Les cabines de 1re classe

Décorées dans des styles de différentes époques, les 333 cabines et suites de 1re classe étaient situées dans la partie centrale du bateau, là où les vibrations des machines se faisaient le moins sentir. Comme elles n'étaient pas toutes équipées de salles de bains, les passagers devaient partager des salles d'eau et des toilettes communes. Les suites, dignes des plus grands palaces, comportaient salon, salle à manger, chambre, salle de bains et toilettes. Certaines d'entre elles étaient dotées de véritables baies vitrées, remplaçant les habituels hublots.

Les cabines de 2e classe

Les 207 cabines de 2e classe étaient situées à l'arrière du bateau. Elles étaient pourvues de meubles en acajou et comptaient entre deux et quatre couchettes.

Les cabines de 3e classe

Les passagers de 3e classe bénéficiaient de petits dortoirs, où les hommes et les femmes célibataires étaient séparés, mais ils pouvaient aussi louer l'une des 222 cabines, ornées de boiseries en pin, situées à l'avant ou à l'arrière du bateau. Ils disposaient d'une salle à manger où leur étaient servis trois repas par jour (sur les autres bateaux, ils devaient emporter leur nourriture).

LE GRAND DÉPART

Sous le commandement d'Edward John Smith et avec à son bord 78 chauffeurs, chargés des chaudières, ainsi que 41 officiers et membres d'équipage, le *Titanic* quitta son dock le 2 avril 1912, tôt le matin, pour procéder à des essais de vitesse et de manœuvre. Ces essais très courts se soldèrent par la remise d'un certificat de navigabilité. Le paquebot regagna Belfast vers 18 h, puis reprit la mer vers 20 h pour se rendre à Southampton, en Angleterre, où il accosta le 4 avril. Quelques jours plus tard, il devait entreprendre son voyage inaugural.

Le commandant Edward Smith

Avant de prendre le commandement de l'*Olympic* et du *Titanic*, Edward Smith avait eu la responsabilité de nombreux paquebots de la White Star. C'était un marin reconnu et apprécié. Les passagers très riches ne voulaient souvent voyager qu'avec lui. Âgé de 62 ans, il pensait prendre sa retraite après le voyage inaugural du *Titanic*. À bord se trouvaient aussi Thomas Andrews, l'architecte du paquebot, et J. Bruce Ismay, le directeur général de la White Star, qui occupait une suite luxueuse de 1re classe.

L'équipage

Il était composé d'environ 890 personnes, réparties en trois catégories. La première comprenait les marins qui s'occupaient de diriger le navire, parmi lesquels les officiers, quartiers-maîtres, veilleurs et matelots. Le deuxième groupe était constitué de ceux qui faisaient fonctionner le paquebot : les mécaniciens, chauffeurs et soutiers. La troisième catégorie, qui était aussi la plus nombreuse, était composée de personnes qui veillaient au bien-être des passagers : les stewards, hôtesses, cuisiniers, musiciens de l'orchestre, postiers, télégraphistes, médecin, moniteur de gymnastique, etc. 23 femmes seulement étaient employées sur le *Titanic*, dont 18 femmes de chambre.

Le 10 avril 1912, à midi, le Titanic *appareilla de Southampton où 910 passagers avaient embarqué. Parmi eux, Louis Hoffmann, passager de 2e classe, dont le vrai nom était Michel Navratil, accompagné de ses deux jeunes fils qu'il venait d'enlever à leur mère.*

Première escale : Cherbourg, en France

A 18 h 30, ce 10 avril, le *Titanic* arriva à Cherbourg. 24 passagers débarquèrent, tandis que près de 280 passagers embarquèrent, dont la moitié en 1re classe et une centaine en 3e classe, originaires de Croatie, d'Arménie et de pays du Moyen-Orient, qui voulaient tenter leur chance en Amérique. À 20 h 10, le *Titanic* appareilla de Cherbourg pour se rendre à Queenstown (aujourd'hui Cobh), en Irlande.

Seconde et dernière escale : Queenstown, en Irlande

Le lendemain matin, 120 passagers embarquèrent, presque tous de 3e classe. Ce fut le cas de Margaret Rice, d'origine irlandaise, qui voulait gagner l'Amérique avec ses cinq enfants. À 13 h 55, le *Titanic* fit entendre trois longs coups de sirène annonçant son départ et mit le cap sur New York. Environ 2 210 personnes étaient à bord et le chargement s'élevait à 900 tonnes.

Des passagers riches et célèbres

John Jacob Astor, âgé de 47 ans, était l'un des hommes les plus riches de son époque. Il regagnait les États-Unis avec sa nouvelle et très jeune épouse après un long voyage de noces.

Isidor Straus était un homme d'affaires et un homme politique américain. Propriétaire des grands magasins Macy's, il voyageait avec son inséparable épouse Ida.

Margaret Brown était l'épouse d'un Américain qui avait fait fortune dans l'industrie minière.

Benjamin Guggenheim était un Américain amateur d'art qui avait hérité d'une importante fortune. Il voyageait avec son valet de chambre, son chauffeur et sa maîtresse, tous deux français.

Le jour du grand départ, 7 chauffeurs manquèrent l'embarquement. Ils étaient descendus à terre pour boire un verre dans un café. Quand ils accoururent vers le Titanic, les passerelles avaient été relevées et on avait engagé d'autres personnes à leur place.

LA VIE À BORD

La vie à bord était rythmée par les repas. En dehors des repas, les passagers de 1re classe se promenaient ou se reposaient sur des chaises longues, emmitouflés dans des couvertures, sur le pont promenade. De nombreuses activités sportives leur étaient proposées, tandis que les passagers de 2e et de 3e classe avaient accès à des activités plus simples. Les passagers des différentes classes se mélangeaient rarement. Chaque classe avait un pont promenade, une salle à manger, un salon et un fumoir qui lui étaient réservés.

Les activités des enfants

En 1re classe :

Les jeunes enfants étaient sous la surveillance des nurses. Entre 13 et 15 h, le gymnase était réservé aux enfants, où le moniteur leur apprenait comment utiliser les différents appareils. Ils pouvaient aussi jouer sur le pont promenade à des jeux, comme le palet, le jeu de quilles, le passe-boules et la toupie. Mais comme les enfants de 1re classe devaient respecter les codes de bienséance, ils n'avaient pas beaucoup de liberté. Le soir, ils pouvaient assister à un concert dans le grand salon ou s'amuser dans le café-véranda, qui leur servait de salle de jeux.

En 2e classe :

Les enfants pouvaient patiner, jouer aux petits chevaux, se promener sur le pont, lire dans la bibliothèque, etc.

En 3e classe :

Ils pouvaient jouer sur le pont de poupe, mais certains d'entre eux s'amusaient à explorer les différentes parties du navire qui étaient accessibles aux passagers, jusque dans les chaufferies.

Les activités des adultes

En 1re classe :

Hormis les promenades sur le pont, les hommes jouaient souvent aux cartes (bridge, whist, poker). Le soir, ils pariaient de fortes sommes sur la position du navire. Toutes les activités sportives étaient accessibles aux passagers de 1re classe : piscine, court de squash, gymnase, bains turcs. Ils se retrouvaient dans le salon pour discuter avant les repas. Ils pouvaient aussi envoyer des messages radio à leurs amis et lire ou rédiger leur courrier dans le salon de lecture et de correspondance.

En 2e classe :

Les activités étaient moins diversifiées. Les passagers se retrouvaient pour bavarder, lire ou jouer aux cartes dans leur bibliothèque et leur fumoir. Des jeux de société comme les échecs étaient mis à leur disposition.

En 3e classe :

La salle commune et le fumoir étaient les seuls endroits où l'on pouvait se réunir pour bavarder ou jouer aux cartes. Mais c'est pourtant en 3e classe que l'ambiance était la plus détendue, car les passagers, plus jeunes, étaient aussi plus gais et portés par l'espoir d'une vie meilleure en Amérique. Le soir, ils chantaient et dansaient au son des violons et de l'accordéon, qu'ils avaient emportés avec eux. À partir de 22 h, les stewards les encourageaient à regagner leurs cabines.

Gymnase

Piscine

Fumoir de 3e classe

Ascenseurs de 1re classe

LE NAUFRAGE

Le dimanche 14 avril, le paquebot se dirigeait à toute vapeur vers New York à une vitesse d'environ 22 nœuds (41 km/h). Il avait même un jour d'avance et avait déjà parcouru 2 687 km. Dès 9 h du matin, plusieurs bateaux lui signalèrent par des messages radio la présence de champs de glace et d'icebergs. Mais personne ne s'en inquiéta particulièrement et la journée se déroula calmement à bord. Plusieurs offices religieux furent célébrés en 1re, 2e et 3e classe. Tous les passagers étaient loin de se douter du drame qui allait se produire.

Iceberg, droit devant !

À 23 h 40, alors que le *Titanic* filait à grande vitesse, l'un des veilleurs téléphona à la passerelle (local servant à la navigation) pour dire qu'il apercevait un iceberg droit devant. Le premier officier essaya alors de faire virer le paquebot vers bâbord (à gauche) et ordonna de stopper les machines. Trop tard ! Quelques secondes plus tard, le *Titanic* heurtait l'iceberg par tribord (à droite) et les officiers sentirent un grincement dans le fond du navire.

Une soirée calme

Le soir, le commandant Smith fut invité à dîner au restaurant à la carte par de riches passagers de 1re classe et leurs amis. Pendant ce temps, la soirée se déroula en musique en 3e classe. À 22 h, on éteignit les feux et chacun regagna sa cabine. Le *Titanic* se situait alors à 750 km au sud-est de Terre-Neuve. La nuit était calme et froide, éclairée par les étoiles, mais sans lune. Une mer plus agitée aurait permis de déceler plus facilement les icebergs, grâce à la couronne d'écume blanche qui se serait formée à leur base. La température extérieure était de 0 °C et celle de la mer de - 2 °C.

Des messages d'alerte

Perchés sur le nid-de-pie situé sur le mât de misaine (mât avant du navire), les deux veilleurs guettaient les éventuels dangers provenant de la mer. Dans la soirée, les messages radio envoyés par d'autres navires se succédèrent, annonçant la présence d'icebergs. À 22 h 55, le *Californian*, pris dans la glace, envoya un message d'alerte. Mais il fut mal reçu par l'opérateur radio du *Titanic*, trop occupé à envoyer les messages des passagers de 1re classe. Peu après, l'opérateur radio du *Californian* éteignit son poste.

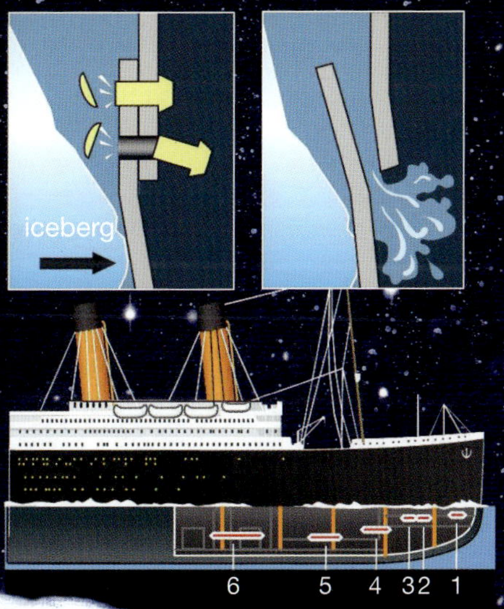

Un constat implacable

Le commandant Smith fit appel à Thomas Andrews pour aller vérifier avec lui l'ampleur des dégâts. Ils découvrirent que la salle réservée au tri du courrier était complètement inondée. Andrews comprit que cinq des compartiments étanches étaient déjà envahis par l'eau, alors que le *Titanic* n'était censé pouvoir se maintenir à flot que si quatre compartiments avant, tout au plus, étaient inondés. Il fit savoir au commandant Smith que le navire était condamné, estimant qu'il coulerait en moins d'une heure et demie. J. Bruce Ismay, directeur général de la White Star, fut réveillé dans sa cabine par un bruit de raclement. Il gagna la passerelle, après avoir passé un manteau sur son pyjama, pour s'informer auprès du commandant Smith, qui lui fit part de la situation.

Au moment de la collision, les rivets se sont brisés sous la pression de l'iceberg, provoquant le démantèlement des plaques d'acier à 6 endroits différents.

L'envoi des messages d'alerte

À 0 h 15, le 15 avril, le commandant Smith demanda aux opérateurs radio de lancer un signal de détresse, qui se transforma en S.O.S. à 0 h 45. Plusieurs navires, dont le *Carpathia*, captèrent ces signaux, mais ils n'étaient pas à proximité du *Titanic* et avaient plusieurs heures de route devant eux avant d'arriver sur les lieux du naufrage.

La préparation des canots de sauvetage

À 0 h 05, le commandant donna l'ordre de préparer les canots de sauvetage. Au nombre de 20, dont 4 pliables, ces canots auraient pu sauver 1 178 personnes sur 2 200 s'ils avaient été chargés à plein. Pendant que les officiers préparaient les canots, les stewards passaient dans les cabines pour demander aux passagers de s'habiller et de rejoindre le pont des embarcations.

L'incompréhension générale

Au début, les passagers ne comprirent pas bien la gravité de la situation et ne se précipitèrent pas sur le pont des embarcations, d'autant qu'on leur avait fait croire qu'il s'agissait d'un exercice d'alerte. Ils préféraient rester au chaud sur le *Titanic* jusqu'à l'arrivée des secours.

À 0 h 25, l'ordre fut donné de faire monter dans les canots les femmes et les enfants d'abord, règle de galanterie, qui fut toutefois rarement appliquée lors des naufrages en mer. Alors que l'officier à tribord (à droite) faisait aussi monter des hommes, l'officier à bâbord n'acceptait que les femmes et les enfants. Résultat, de nombreux canots partirent à moitié vides.

Les canots à la mer

Dès 0 h 15, l'orchestre eut l'ordre de jouer des airs joyeux pour éviter la panique parmi les passagers. Il joua jusqu'au dernier moment, et les 8 musiciens sombrèrent avec le *Titanic*.

À 0 h 45, le premier canot fut mis à la mer, 18 m plus bas, avec 28 passagers pour 65 places, tandis que la première des 8 fusées de détresse fut envoyée. Une heure plus tard, l'évacuation s'accéléra, car voyant la proue (l'avant du navire) envahie par l'eau, les passagers finirent par comprendre que le bateau allait vraiment couler.

Pris au piège

Malheureusement, les passagers de 3e classe dont les cabines étaient situées dans les étages inférieurs à l'avant et à l'arrière du paquebot mirent beaucoup plus de temps que les autres à accéder au pont des embarcations. Ils durent parcourir un long dédale de couloirs et se retrouvèrent parfois devant des grilles d'accès fermées. De plus, le fait que beaucoup d'entre eux comprenaient mal l'anglais leur compliqua la tâche. Ils arrivèrent donc en dernier et souvent trop tard pour monter dans les canots de sauvetage.

L'officier Murdoch était en charge du navire au moment de sa collision avec l'iceberg. Il a ensuite fait en sorte que les passagers ne soient pas gagnés par la panique.

Musiciens de l'orchestre

Le navire coule

À 2 h 17, l'orchestre cessa de jouer. La première cheminée s'effondra sur le navire et ses passagers, suivie par le dôme de verre du grand escalier, ce qui permit à l'eau de s'engouffrer dans toute la partie avant. À 2 h 18, les lumières du *Titanic* s'éteignirent, puis le paquebot se brisa en deux entre la troisième et la quatrième cheminée. La partie avant (proue) se mit à couler, tandis que la partie arrière (poupe) se dressa à la verticale avant de disparaître à son tour dans l'océan, à 2 h 20.

Les derniers moments

À 2 h 15, les deux derniers canots pliables qui furent mis à la mer partirent à la dérive, et le second fut renversé. Des naufragés parvinrent toutefois à les rejoindre à la nage. À 2 h 05, le commandant Smith releva de leur service les deux opérateurs radio. L'un d'entre eux, Harold Bride, sauta à l'eau et parvint à rejoindre l'un des derniers canots, tandis que l'autre périt dans le naufrage.

Un vrai gentleman

Benjamin Guggenheim, passager de 1re classe, refusa de sauver sa vie. Il mit son plus beau costume et dit à son valet, resté auprès de lui : « Nous nous sommes habillés de notre mieux et nous sommes prêts à mourir comme des gentlemen. »

Une belle histoire d'amour

Isidor et Ida Straus, qui voyageaient en 1re classe, ne purent se résigner à la séparation. Ida refusa de monter dans un canot pour ne pas quitter son mari. Comme un officier proposait à Isidor de la suivre, celui-ci déclina l'offre en disant : « Merci Monsieur, je ne vaux pas mieux qu'un autre. » Ida ajouta alors : « Nous avons vécu ensemble, nous mourrons ensemble. » Puis ils s'installèrent dans des transats en attendant la fin.

Bilan

Le *Titanic* emportait avec lui 1 500 personnes dans des hurlements désespérés, dont le commandant Smith et Thomas Andrews, qui étaient restés jusqu'au bout fidèles au poste. En revanche, J. Bruce Ismay, le directeur général de la White Star, embarqua discrètement sur l'un des derniers canots.

Une fin héroïque

Nombreux furent les membres d'équipage qui s'activèrent en vue de sauver des passagers et qui périrent dans le naufrage. Les passagers de 3e classe n'eurent pas un sort plus enviable, à l'exemple de Margaret Rice, qui disparut avec ses cinq enfants. Certains des prêtres qui voyageaient en 2e classe ont secouru les passagers jusqu'au bout, refusant la place qu'on leur offrait sur les canots.

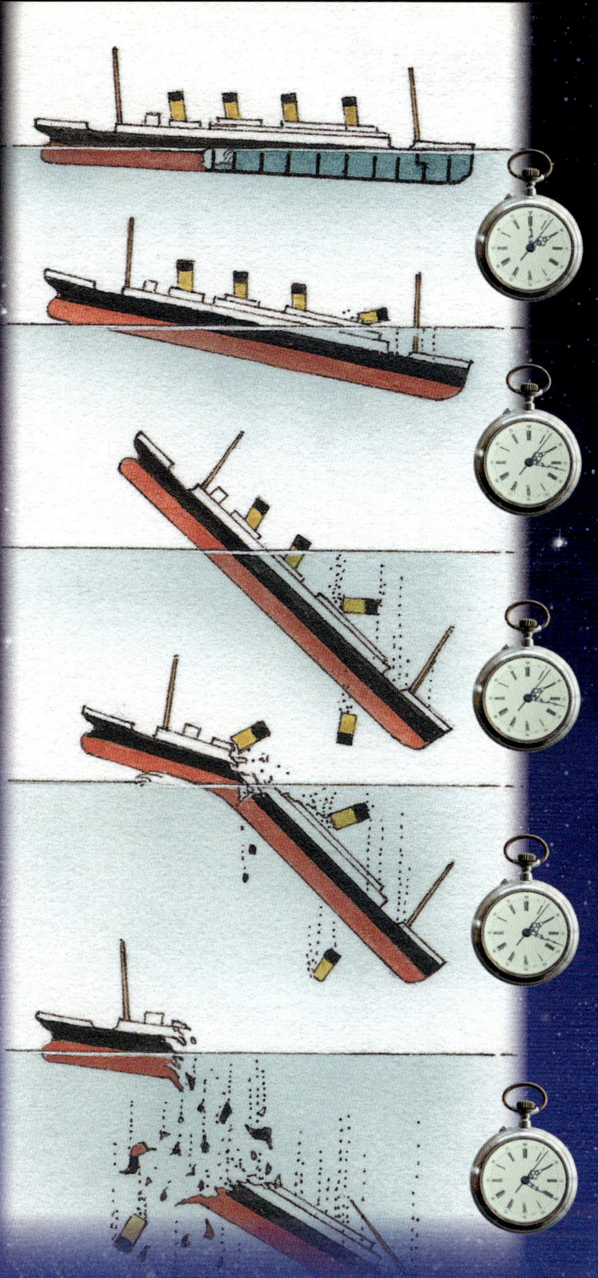

Après sa collision avec l'iceberg, il n'a pas fallu plus de 2 h 40 au paquebot pour sombrer. Quand l'avant du bateau a commencé à s'enfoncer dans l'eau, tout est allé très vite.

Une fin digne

Lorsque Madeleine, la jeune épouse de John Jacob Astor, monta dans un canot, celui-ci demanda à pouvoir la suivre, mais on le lui refusa. Il n'insista pas et n'essaya pas de profiter des privilèges dont pouvaient bénéficier les passagers de 1re classe. Il périt dans le naufrage.

LE SAUVETAGE

Dans leurs canots de sauvetage, les rescapés assistèrent, impuissants, à la fin inexorable du *Titanic*, englouti par les flots. Un peu plus d'une heure plus tard, ils repérèrent les fusées lancées par le *Carpathia*, le bateau qui venait à la rescousse. Le bilan du naufrage était lourd : 76 % des membres d'équipage et 75 % des passagers de 3e classe étaient morts, contre 59 % des passagers de 2e classe et 38 % des passagers de 1re classe. La quasi-totalité des femmes et un tiers des hommes avaient survécu, soit 711 personnes.

Le moral des troupes

Après que le *Titanic* eut heurté l'iceberg, Margaret Brown participa activement au chargement des canots. Elle monta dans le canot n° 6 et réconforta du mieux qu'elle put les femmes qui étaient à bord, les incitant à ramer pour ne pas mourir de froid. Par la suite, elle apporta son aide aux survivants.

Des lamentations et puis plus rien

Après la disparition du *Titanic*, les rescapés qui étaient sur les canots entendirent des cris d'agonie et des lamentations pendant une vingtaine de minutes, puis le silence se fit. En effet, dans l'eau glacée (- 2 °C), le corps humain ne peut survivre plus de 20 minutes. Certains rescapés revinrent sur les lieux du naufrage pour essayer de sauver d'éventuels survivants, tandis que d'autres s'y opposèrent formellement comme le quartier-maître Hichens, qui s'écria dans le canot n° 6 : « Sauvons nos vies, pas les leurs. »

Chacun pour sa peau

Sur le canot n° 1, qui ne comptait que 12 personnes au lieu de 40, les passagers, dont sir Cosmo et son épouse, refusèrent unanimement de retourner sur les lieux du naufrage pour essayer de sauver des survivants, de peur que le canot ne soit pris d'assaut. Ils laissèrent ainsi mourir des centaines de victimes.

Sauvés miraculeusement

Pendant l'évacuation, le chef boulanger Charles Joughin remonta des sacs pleins de miches de pain à destination des canots. Refusant d'embarquer, il alla boire du whisky. Quand le bateau coula, l'homme put rester deux heures entières dans l'eau, l'alcool l'ayant réchauffé. Il finit par rejoindre le canot pliable retourné, où s'agrippaient déjà une trentaine de rescapés. Arrivé sur le *Carpathia*, il avait les pieds gelés, tout comme l'opérateur radio Harold Bride. Ils s'en sortirent tous deux sans séquelles.

Les orphelins du *Titanic*

Michel Navratil parvint à faire monter ses deux fils Michel et Edmond dans l'un des derniers canots, mais lui ne put les suivre. La presse publia par la suite les photos de ces deux enfants français, surnommés « les orphelins du *Titanic* ». En France, leur mère les reconnut dans les journaux et partit les retrouver.

L'arrivée du *Carpathia*

Arrivé vers 3 h 30 sur les lieux du naufrage, le *Carpathia* retrouva un à un tous les canots et fit monter à son bord les survivants du *Titanic*. Vers 8 h 50, le 15 avril au matin, il mit le cap sur New York. Ruth Becker se souvint longtemps de toutes ces femmes en pleurs guettant l'horizon, attendant un mari, un père ou un fils qu'elles ne devaient jamais revoir.

Une petite fille courageuse

Ruth Becker, âgée de 12 ans, fut séparée de sa mère et de ses frère et sœur qui étaient montés dans un autre canot de sauvetage. Avant d'embarquer à son tour, Ruth était retournée dans sa cabine chercher des couvertures. Elle se distingua ensuite par sa générosité en offrant les couvertures aux rescapés qui avaient froid et promit à une femme, dont l'enfant avait disparu dans la précipitation, de le retrouver, ce qu'elle fit.

L'APRÈS TITANIC

Transmises d'un bateau à l'autre, les nouvelles du *Titanic* qui parvinrent à la presse étaient confuses. Personne ne voulut croire au pire. Le 15 avril 1912, les journaux titrèrent « Tous les passagers du *Titanic* sauvés après collision » ou « *Titanic* coulé, pas de perte de vies humaines ». Plus tard, la nouvelle du naufrage meurtrier fit le tour du monde et frappa tous les esprits. Quand le *Carpathia* arriva à New York au soir du 18 avril, il fut accueilli par 40 000 personnes, dont certaines espéraient retrouver les membres de leur famille.

Des corps repêchés

Le 17 avril 1912, le *Mackay-Bennett* et trois autres navires appareillèrent d'Halifax, au Canada, pour se rendre sur les lieux du naufrage et repêcher les corps. Ils retrouvèrent 328 corps, dont 119 furent rendus à la mer parce qu'ils étaient en trop mauvais état. Par la suite, les victimes non réclamées par leurs familles furent enterrées dans les trois cimetières d'Halifax.

Les enquêtes

Deux enquêtes furent menées sur le naufrage du *Titanic*, l'une aux États-Unis et l'autre en Angleterre. Elles mirent au jour trois causes principales : la trop grande vitesse du navire dans une zone de glace, l'absence de jumelles qui empêcha les veilleurs sur le nid-de-pie de repérer l'iceberg plus tôt, et le manque d'organisation au moment de l'évacuation. Plus tard, on mit en place la Patrouille internationale des glaces, destinée à suivre le déplacement des icebergs sur les routes maritimes de l'Atlantique nord-ouest. Il fut demandé que les navires soient équipés de canots de sauvetage en nombre suffisant pour recueillir toute personne se trouvant à bord.

Conclusions sur le naufrage

Après les enquêtes, il fut déterminé que si le *Titanic* avait heurté l'iceberg de plein fouet au lieu de tourner pour essayer de l'éviter, il aurait sans doute pu se maintenir à flot jusqu'à l'arrivée des secours, car un seul des compartiments étanches aurait alors été inondé. Quelques années plus tard, on mit en cause la qualité des rivets en fer qui maintenaient les plaques de tôle à l'avant du bateau. S'ils avaient été en acier, les plaques se seraient sans doute disloquées moins facilement.

Le film relate l'histoire de Rose, passagère de 1re *classe sur le* Titanic, *qui s'éprend de Jack, passager de* 3e *classe, après avoir tenté de se suicider pour échapper aux contraintes de sa classe et à un mariage qu'elle refuse. Pendant la traversée, les deux protagonistes vivent une belle histoire d'amour jusqu'à ce que la mort les sépare pendant le naufrage. L'accueil du public fut magistral dans le monde entier. En France,* Titanic *détient encore le record du nombre d'entrées devant* Bienvenue chez les Ch'tis *(2008) et* Intouchables *(2011). C'est dire à quel point, cent ans après les événements, l'histoire du* Titanic *marque encore les esprits. En 1998, ce film a même été récompensé par 11 oscars. Son budget, évalué à 200 millions de dollars, servit entre autres à construire la partie tribord (droite) d'un navire, réplique exacte du* Titanic. *Les recettes s'élevèrent à 2 milliards de dollars !*

Le *Titanic* gravé dans les mémoires

L'histoire du naufrage de ce navire réputé insubmersible, le plus grand et le plus luxueux de son époque, a fait couler beaucoup d'encre : plus de 900 livres en français ont été écrits sur cette catastrophe. Plus d'une douzaine de films ont également relaté les événements. Le premier, un film muet mettant en scène une star de cinéma, Dorothy Gibson, rescapée du *Titanic*, est sorti moins d'un mois après le naufrage. En 1958, *Atlantique, latitude 41°* a fortement retenu l'attention. Mais aucun de ces films n'a pu rivaliser avec le succès de *Titanic*, réalisé en 1997 par James Cameron.

L'ÉPAVE

Dès l'annonce du naufrage du *Titanic*, on envisagea de renflouer le paquebot, c'est-à-dire de le remettre entièrement à flot. Ainsi, les familles de riches passagers ayant péri dans le naufrage auraient pu récupérer les dépouilles de leurs proches. Il fallait d'abord parvenir à localiser le navire avant de réussir à le hisser hors de l'eau. Chose très complexe pour l'époque. On eut même des idées fantaisistes comme de remplir la coque de balles de ping-pong pour la faire remonter à la surface ! Localisée 73 ans plus tard, l'épave ne fut jamais renflouée.

Épave de la proue

Les autres expéditions

Dans les années qui suivirent, de nombreuses expéditions eurent lieu sur le site, permettant d'abord de constater que la poupe (arrière du bateau) était éloignée de 700 m de la proue, confirmant le fait que le navire s'était bien

Près du but

Entre 1979 et 1983, Jack Grimm, milliardaire américain ayant fait fortune dans le secteur pétrolier, entreprit plusieurs expéditions qui n'aboutirent pas. Mais on sait aujourd'hui qu'il était passé au-dessus de l'épave sans l'identifier. Cet homme aux idées extravagantes était connu pour avoir tenté de localiser l'arche de Noé, le monstre du Loch Ness et l'abominable homme des neiges !

Enfin localisée !

En 1985, pendant 2 mois, une équipe américaine menée par Robert Ballard, géologue marin de l'Institut océanographique de Woods Hole, associée à des chercheurs de l'Ifremer (Institut français de recherche pour l'exploitation de la mer) procéda à un ratissage des fonds marins sur le site présumé de l'épave à l'aide d'un sonar, puis d'un appareil sous-marin équipé de caméras vidéo. Le 1er septembre à 1 h 05 du matin, Jean-Louis Michel de l'Ifremer, à bord du *Knorr*, fut le premier à voir apparaître les photos de l'épave du *Titanic*. La proue (avant du bateau), relativement bien conservée, gisait par 3 800 m de fond ! À 2 h 20, heure anniversaire du naufrage, toute l'équipe se rassembla pour se recueillir. La nouvelle surprit le monde entier.

Peinture représentant la partie avant de l'épave du Titanic *gisant par 3 800 m de fond.*

Vaisselle utilisée à bord du Titanic

L'une des trois hélices

brisé en deux. Toute ramassée sur elle-même, la poupe était en moins bon état que la proue. Grâce aux technologies toujours plus performantes, on a pu avec des petits sous-marins et des robots équipés de caméras et de bras articulés prendre des milliers de photos et de films de l'épave et remonter des centaines d'objets. James Cameron a même entrepris une expédition pendant qu'il préparait *Titanic*, puis une autre pour son documentaire *Les Fantômes du Titanic*.
En 2010, l'expédition menée par la RMS Titanic, seul possesseur des objets du navire, permit d'établir une carte en 3D du site. Les objets récupérés servent aux expositions qui ont lieu partout dans le monde, comme « Trésors du Titanic », présentée à la Cité des sciences et de l'industrie en 2003.

Constat aujourd'hui

Les dernières expéditions ont permis de constater que l'épave se détériore très rapidement. Au moment de sa découverte, le revêtement en bois du bateau avait été complètement dévoré par des micro-organismes. Mais l'acier de l'épave est également grignoté par des micro-organismes qui en consomment 130 à 200 kg par jour. Toutes les parties de l'épave sont recouvertes par des stalactites de rouille. Certains scientifiques considèrent qu'elle se sera complètement effondrée entre 2025 et 2050.

TABLE DES MATIÈRES

MDS : 660938
ISBN : 978-2-215-11580-9
N° d'édition : J19200

Dépôt légal à la date de parution.
Loi n°49-956 du 16 juillet 1949 sur les
publications destinées à la jeunesse, modifiée
par la loi n°2011-525 du 17 mai 2011
Imprimé en Italie par Ercom (07/19).